MW01205028

Datos inútiles
para leer
en
el baño

Datos inútiles para leer en el baño, 2011

D. R. © Editorial Lectorum, S. A. de C.V.
Batalla de Casa Blanca Manzana 147 Lote 1621
Col. Leyes de Reforma, 3a. Sección
C. P. 09310, México, D. F.
Tel. 55 81 32 02
www.lectorum.com.mx

Bajo acuerdo con:

© Editorial Otras Inquisiciones, S. A. de C.V.
Pitágoras 736, 1er. piso
Col. Del Valle
C. P. 03100, México, D. F.
Tel. 54 48 04 30
www.editorialotrasinquisiciones.com

Primera edición: agosto de 2011

ISBN: 978-607-457-187-5

Impreso y encuadernado en México.
Printed and bound in Mexico.

Datos inútiles
para leer
en el baño

por el Dr. Ian Q. Carrington

Ilustraciones de Sergio Neri

Editorial

OTRAS INQUISICIONES

COLECCIÓN
TRIVIUM

No fueron las siete artes liberales estudiadas en la Antigüedad y la Edad
Media, compuestas por el Trivium —gramática, retórica y dialéctica o
lógica— y el Cuadrivium —aritmética, astronomía, geometría y música—,
las que nos inspiraron para crear la presente colección. Se trató, más
bien, de lo que la palabra *trivium* comprende en su primer y auténtico
sentido —que proviene del latín—: *trivium*, tri: 'tres, triple' y *vía*: 'camino',
«confluencia de tres caminos». Para nosotros significa el exacto cruce
donde se encuentran, irremediablemente, todas las cosas: lo profundo
con lo superfluo, lo cotidiano, lo inesperado, lo trivial...

Dicen que todo en este mundo tiene un lado profundo, culto, educativo, y otro superficial, banal y por completo insignificante. Para algunos, hay que combatir el segundo y estimular el primero, porque es éste el que da cuenta de las cosas trascendentes de la vida. Sin embargo, en nuestro sello editorial creemos que en realidad ambos no son tan diferentes. Nos consta que muchas de las cosas que sabemos empezaron con una pregunta sin chiste, ociosa, cuya respuesta nos dejó sorprendidos, divertidos, con ganas de saber más —de conocerlo todo—, a tal grado que ya no pudimos parar de investigar. Tal vez por eso los datos inútiles son tan adictivos, porque al final son una puerta de entrada a los tópicos más disímiles o aparentemente aburridos. Por ello, y porque estamos obsesionados con las curiosidades, las citas, el pensamiento ingenioso, los datos inútiles, las canciones, el humor, los fragmentos, es que nos propusimos crear la Colección Trivium.

En ella se dan cita las grandes historias a partir de nimiedades. Todo lo que no quería saber sobre cualquier cosa que se le ocurra, lo hará carcajearse, apasionarse o asombrarse. Aquello que no se imaginaba con respecto a sus temas favoritos será abordado en esta colección. Bienvenido a este espacio dedicado a lo que muchas personas platican, pero pocos publican.

Los editores

Presentación

> *El acto de cagar sigue siendo uno de los*
> *más repetidos ritos de creación y realización;*
> *en ese contexto, todos somos artistas consumados.*
> Alfredo López Austin

Si, como dicen los psicólogos, quien disfruta enormemente pasar mucho de su tiempo leyendo en el WC, lo hace así porque no se desarrolló de manera adecuada en alguna de sus etapas psicosexuales, entonces este libro está dirigido a todos aquellos a quienes no les importa ser un poco niños toda la vida; a quienes se encierran en un cuarto para dejarse llevar, sin prejuicios, por los mundos de la lectura y la imaginación, mientras hacen más amenas sus necesidades fisiológicas.

Por ello, despacito, con el libro entre las manos, atento —pero sin premura—, el lector podrá cerrar la puerta y entrar en el baño para disfrutar del íntimo momento. Y es que en este caso la lectura no se comparte, le pertenece sólo a él por derecho de asiento. Por lo que, suceda lo que ahí suceda —que para eso vamos—, lo importante será la experiencia de comodidad y satisfacción que un libro, cuatro paredes y, por supuesto, un escusado pueden brindar; porque, créanos, en estas condiciones, seguro que uno sale satisfecho de ahí.

Quienes se declaran aficionados a esta práctica sabrán de las revistas que uno relee, de las novelas interminables que prácticamente se devoran poco a poco con cada visita, de la información sobre pasta de dientes que uno se sabe de memoria, de los chismes de los que uno se entera, de la relación que se gesta entre nosotros y lo leído. Ésta es la razón por la que publicamos *Datos inútiles para leer en el baño:* una compilación de información y sucesos amenos, entretenidos, gozosos, interesantes —sin el tedio de la formalidad— y prácticos. El volumen que tiene usted entre sus manos es breve —del tamaño ideal para una cagada— y, sobre todo, muy divertido. Su contenido tiene que ver con la vida, con todo lo que nos rodea; nada se descarta por más trivial, absurdo, superficial o insensato que pueda parecer. Se trata de disecciones de la realidad puestas en sus manos, en la medida y tamaño justos para que las vea, las lea y las disfrute.

Desde el espacio público —las experiencias, los acontecimientos sorprendentes, los chismes, las murmuraciones, los mitos, lo que se dice, lo que no se dice, lo comprobado, lo que no se puede comprobar— hasta el más íntimo de todos —el baño, por supuesto—, le traemos información curiosa, asombrosa, increíble, entretenida. Cada página le permitirá disfrutar de su tiempo en este íntimo espacio y, por si fuera poco, le ofrecerá un sinfín de temas para abrir cualquier conversación. Lo invitamos pues, a que, a sus anchas y de la manera que acostumbre o más le plazca, disfrute de esta lectura.

Josué Vega López

El doctor
Ian Quincey Carrington O'Hea

es de origen irlandés —o por lo menos su acento lo deja entrever así—. Es etólogo —de ahí sus interminables citas sobre las características de los animales— y, al igual que Konrad Lorenz, tiene una memoria ecuménica. Su afición por el conocimiento lo ha llevado a recopilar los datos más extraños del mundo. Mientras estudiaba al kiwi en su ambiente natural —un bosque de Nueva Zelanda—, conoció a su actual editor y representante, Carlos Bautista Rojas —quien trabaja en la redacción de *Algarabía* y es apodado «Carlipædia»—. El Dr. Carrington vive en Tepoztlán, Morelos, donde todos los días, religiosamente, sube y baja del Tepozteco como quien va a la esquina por cigarros o chicles y dice que seguirá enviándonos datos hasta su postrer suspiro.

En cualquier vida **promedio**,

una persona pasa al menos

seis meses

sentado en el escusado.

Algunas especies de **arañas**

–como si no lo supiéramos–:

seducen al macho,

se lo **comen** y luego

buscan otro para aparearse.

A pesar de toda la
lluvia de plomo,
en la película *El Padrino*
sólo mueren 17 hombres…
¡y 1 caballo!

De acuerdo con la Agencia Gallup, 2 de cada 14 estadounidenses no pueden localizar su país en un globo terráqueo.

Los **indígenas**

—nahuas, purépechas y mayas antiguos—

consideraban que el

oro, la plata y el plomo

eran el **excremento de los dioses.**

El **beisbol** no se **creó** en los EE.UU., sino en **Inglaterra** en el siglo XVIII.

El vestido de Monica Lewinsky,
con las «manchitas» que le dejó
Bill Clinton, se subastó en
500 mil dólares;

el que usó Marilyn Monroe
cuando cantó «Happy
Birthday, Mr. President», en
1 millón 250 mil dólares.

El primer urinario en un baño público por lo regular es el más limpio: la mayoría de los hombres lo evitan buscando «privacidad».

El llamado

«número de la Bestia»

no es el 666,

sino el 616.

Esa idea, difundida durante siglos,
se originó a partir de una mala traducción
del Apocalipsis.

No existe registro de quién inventó los anteojos.

Se ha comprobado
que un viaje en la

montaña
rusa

es muy eficaz
para **reducir**
los síntomas del
asma bronquial.

La **lengua botocudo**, de Brasil, cuenta con un **sistema de numeración limitado** a un término que refiere específicamente al **«uno»** y otro que expresa cualquier otra cantidad igual o mayor que **«dos»**.

Según una encuesta reciente, **19%** de los **hombres ha engañado** a su pareja sin que ella lo supiera; **7%** lo hizo y fue **cachado**, y **8% confesó** su infidelidad.

Los **murciélagos de la fruta**
—Cynopterus sphinx—
son la única especie animal
que practica **el sexo oral.**

Un lápiz convencional se puede afilar **17 veces** y permite escribir un promedio de **47 mil** palabras o trazar una línea de **56 km** de longitud.

En **Brasil**
es muy común
que la gente
tome de **3 a 4**
baños
al día.

Se ha comprobado que las lágrimas femeninas contienen sustancias que inhiben la libido masculina.

La gran **Esfinge de Gizeh** no fue mutilada durante la campaña militar de Napoleón:

ya le faltaba la **nariz** desde muchos siglos antes.

El segundo nombre de

Elvis Presley

era **Aron,**

pero en su tumba se grabó de forma errónea:

«Aaron».

Las abejas pueden ver la luz ultravioleta.

Esto les permite detectar qué flores tienen más néctar.

La gente que toma café
es menos propensa a
suicidarse
que quienes no lo toman.

Según sus escritos,
Martín Lutero
recibió la **iluminación**
mientras se encontraba en una
letrina.

Las expresiones o
palabras inventadas que
carecen de significado se llaman

jitanjáforas,

término que también es una jitanjáfora.

Ninguna de las
Ángeles de Charlie
originales usaba **brasier.**

El agua no es transparente:

se ha comprobado que refleja una ligera tonalidad azul.

Se calcula que en 8 000 a.C.
la **población** del mundo
no rebasaba los
5 millones de
personas.

Los escritores **Ernest Hemingway** y **Henry Miller** manifestaban públicamente el odio que sentían hacia sus **madres.**

75%

de los dólares estadounidenses
tiene residuos de **cocaína**
por la gente que los usa para inhalar.

En la película *Pulp Fiction,*
la palabra *fuck* es pronunciada en
271 ocasiones.

Se han descubierto al menos

15 estados de la materia;

algunos de los más raros son:

sólido amorfo, superfluido, supersólido, materia degenerada, **neutronio,** plasma de quarks gluones, **condensado fermiónico,**

materia extraña o de quarks,

condensado de Bose-Einstein —BEC.

Se ha comprobado que
dormir 8 horas o más
afecta la salud a tal grado que
disminuye la expectativa
de vida.

Robert De Niro

engordó **28 kg**
para encarnar a
Jake LaMotta en la
película *Toro salvaje* (1980)

—esta cifra incluso
se incluyó en los
récords Guinness.

La gastritis y las úlceras estomacales muchas veces no son provocadas por el café ni por el chocolate ni por nada parecido, sino por la bacteria *Helicobacter pylori.*

En la toma de la Bastilla murieron **100** personas y sólo había **7** prisioneros dentro de la cárcel.

Quienes
viven en los Andes
tienen **más sangre**
en el cuerpo que cualquier otra
persona del **mundo**.

Bugs Bunny

y el «conejo» de Pascua

no son conejos, sino

liebres.

La falda escocesa

en realidad proviene de Irlanda, pero el *nombre original* —***kilt***— *es danés.*

En el Pentágono

se utiliza un promedio de

666 rollos

de papel higiénico **al día.**

Mick Jagger

corre una distancia aproximada de

3 kilómetros en cada **concierto**

de los Rolling Stones.

Los **Reyes Magos no eran tres, ni** eran **reyes** y mucho menos **magos.** En los evangelios se habla de que llegaron buscando al «rey de los judíos» y que **venían de Oriente,** pero jamás se indica su número ni cómo eran o si se trataba de puros hombres.

En la actualidad,
según encuestas recientes,
13% de los alemanes
aceptaría un líder con
«mano dura».

El **perfume** moderno
fue creado en **Alemania**

—aunque los franceses presuman de producir
los mejores y sean quienes más los necesiten.

Cerca de
dos millones de personas
mueren cada año por **accidentes** o
padecimientos relacionados con el
trabajo. 650 mil pierden la
vida en conflictos bélicos.

Los **«cinturones de castidad»** jamás se usaron en la Edad Media: fueron **creados** en el siglo XIX para **satisfacer** a **«coleccionistas especializados»** de objetos medievales.

Charlie Chaplin

participó en una ocasión

en un **concurso** de

imitadores de Chaplin.

No pasó ni la primera ronda.

Las zapatillas de
Cenicienta
no eran de cristal,
sino de **pelo de ardilla:**
el cambio se debió a una mala traducción que hizo Charles
Perrault al confundir la palabra *vair* —pelo de ardilla—
con *verre* —cristal.

El edificio del **Pentágono** tiene el doble de baños necesarios para un edificio de su tamaño. Esto se debe a que cuando se construyó, la ley exigía la existencia de **un baño** para negros y **otro** para blancos.

El célebre
almirante Nelson
–que derrotó a Napoleón–
jamás usó un **parche en el ojo**,
como lo muestran las películas.

El animal más mortífero es el
mosquito hembra:

alrededor de 45 mil
millones de personas han muerto

—más de la mitad de toda la población que ha existido
en la historia— por las más de 100 enfermedades
que transmite con su picadura.

Actualmente,
son

3

los **distribuidores** de
peyote autorizados en Texas.

La técnica para producir la champaña, la botella en que se guarda para que no explote, el diseño del corcho e incluso la copa en que se sirve no fueron creados en Francia, sino en Inglaterra en el siglo XVI.

La música de David Bowie aparece en el *soundtrack* de **136 películas.**

Los hipopótamos son los **únicos** mamíferos —fuera de las ballenas y los delfines— que se aparean y dan a luz bajo el agua.

2/5 partes

de todas las calorías que consumen los

niños estadounidenses

no contienen **nutriente alguno**.

En la cinta *Titanic,*
Rose dice **«Jack» 80 veces**
a lo largo de la película…
Jack dice **«Rose» 50.**

La probabilidad de

morir en Nueva York

por un accidente de caballo, en 1900, era de

1 en 19 mil. La probabilidad de morir hoy

en día en un accidente de coche es de

1 en 26 mil.

En 2010, **15%** de todas las **redes de Internet** fueron **desviadas** a una **empresa china** de telecomunicaciones.

El **valor** estimado del mercado de coches blindados en México es de **90 millones de pesos.**

Desde la perspectiva evolutiva, el «pariente» más cercano de un oso es un perro.

Según un estudio que financió
la empresa de condones Trojan, el
14 de febrero de 2010
los mexicanos usaron
391 780 preservativos,
a un ritmo de
16 324 por hora y
272 por minuto.

26%

de las mujeres casadas

—según una encuesta reciente—

cree tener el **dominio del control remoto** de la televisión; en el caso de los **hombres,** 24% cree que lo controla.

El **tejido óseo**
es el **único** del cuerpo humano
que se **regenera**
sin dejar cicatrices.
Si acaso, deja una leve marca llamada
«callo óseo».

En **Francia,**

durante el siglo XVIII,

se pensaba que para **aliviar los cólicos,**

se debía tomar vino con

**excremento
de gato.**

Roedores

como el *Microtus pennsylvanicus* pueden determinar, sólo **con el olfato,** si una **hembra es virgen,** la presencia de otros machos e incluso **con cuántos ha copulado.**

La **pelota vasca** –o *jai alai*– le ha valido a **México** 103 medallas, en los Campeonatos del Mundo de la especialidad:

41
oro

37
plata

25
bronce

El **esternón** es el único hueso que es **casi idéntico** —en tamaño y forma— en hombres y mujeres.

El **lago Titicaca** no es el único con **nombre «cagado»:** a unos kilómetros se encuentra el **lago Poopó** y ambos están conectados por el **río Desaguadero.**

Aunque el **desierto más caliente** sea el de **Atacama,** Chile, el **más seco** está en la Antártida.

Según datos de una encuesta reciente, de cada **cinco jóvenes estadounidenses,** **uno** tiene la posibilidad de sufrir un severo **trastorno emocional** o de comportamiento.

Los **machos de ciervo** se **masturban** frotando las puntas de su **cornamenta** contra la hierba.

11% de la Tierra está cubierto por **glaciares.**

Las letrinas primitivas
fueron el primer
**«laboratorio
botánico»**
para que el ser humano
aprendiera a cultivar y a
seleccionar cereales y frutas.

A inicios del siglo XX,

9 de cada **10 latas** de caviar

etiquetadas como «rusas»,

en realidad eran de origen

estadounidense.

Estudios recientes muestran que
71% _{de los} hombres
se ha medido el pene.

El ser vivo **más grande** y el **más viejo** del mundo es el Armillaria ostoyae, también llamado **«hongo de la miel»**: abarca 890 hectáreas y tiene entre 2 mil y 8 mil años de edad.

De los 6 chinos laureados
con el premio Nobel,
5 se encontraban en prisión o
vivían en el extranjero cuando se
les concedió el premio.

En 1980, *La flauta mágica,* de Mozart, se convirtió en el **primer disco compacto grabado de la historia;** fue dirigido por Herbert von Karajan y producido por la Deutsche Grammophon.

El **primer animal**
que domesticó el ser humano
fue el reno
—en la zona que ahora corresponde
a la frontera entre Rusia y Mongolia—
hace 14 mil años.

Los japoneses cuentan entre sus **celebraciones oficiales:**

- Día de la mayoría de edad
- Día del verdor
- Día del respeto a los ancianos
- Día del deporte
- Día de la cultura
- Fiesta de los niños de 3, 5 y 7 años

Sir Walter Raleigh fue decapitado y su cabeza embalsamada y entregada a su esposa, quien la llevó a todos lados en una bolsa de terciopelo durante 29 años.

Fernando Cortés Monroy
Pizarro Altamirano
es el verdadero nombre de
Hernán Cortés.

En la *Ilíada* y la *Odisea,*
sólo se mencionan cuatro colores:

negro, blanco, amarillo
verdoso y rojo purpúreo.

Hay lingüistas que aseguran que esos colores agrupaban
cualidades o conceptos de las cosas.

En varias especies los **machos** que **se masturban mucho** antes de llegar a la edad reproductiva **procrean más** que los que se abstienen.

99% del cuerpo humano está formado por sólo seis elementos: oxígeno, carbón, hidrógeno, nitrógeno, calcio y fósforo.

El personaje más **ominoso** y **desagradable** de las películas —según varias encuestas y libros de *Top Ten*— es

Jar Jar Binks,

creado por George Lucas para:

Star Wars. Episodio I: la amenaza fantasma (1999).

Un estudio sobre los manuscritos de Santa María de Valpuesta

demuestra que el primer testimonio escrito del castellano consiste en una lista de quesos que se comían en dicho convento,

la cual data de los siglos IX al XI, y se ubica entre La Rioja, Castilla y León.

Alfred de Musset

sufría de **tafiofobia**
—pánico ante la idea de ser
sepultado vivo.

México tiene una **velocidad promedio** de **2.25 Mbps** en sus redes de Internet. Ocupa el sitio 90, detrás de países como Ghana o Jamaica.

Según los astronautas de la NASA que «estuvieron en la Luna», ésta huele a pólvora.

Cada día se producen en el mundo
17 millones de rayos:
200 por
segundo.

Durante los últimos años de su vida, **Houdini** se dedicó a revelar los **fraudes de los mediums** que prometían «comunicarlo con su madre en el más allá».

En el siglo XIX se pensaba que los beneficios de ir al mar se debían «al **ozono** que se puede **respirar** ahí».

La cantidad de títulos de libros
publicados en 1948
en todo el mundo
–cuando se anunció que «la televisión mataría al libro»–
fue de 78 mil.
En 2005, de casi 2 millones.

El científico hindú
sir Jagadish Bose
comprobó que las plantas sufren de la
misma fatiga periódica que los animales y
que los árboles se duermen
y se despiertan a ciertas horas.

Una de las pocas especies que tiene
«una pareja de por vida»
es el buitre.

La mayoría de
los animales son
polígamos.

3
dólares

es el **precio** estimado que
pagan los **mendigos**
en Johannesburgo para
alquilar un bebé
durante un día.

La **reina Berengaria** de Inglaterra, que reinó de 1165 a 1170, jamás visitó Inglaterra.

La **eyaculación** de una
ballena azul
es de por lo menos
20 litros de
esperma.

Atila, el huno,
murió de una
hemorragia nasal.

La compañía **7 Eleven** no es estadounidense, sino

japonesa.

El **volcán más grande** del Sistema Solar está en Marte: el **Monte Olimpo.** Desde su base, mide 22 km de altura por 624 km de diámetro.

Bart Simpson es 2 años y 38 días más grande que **Lisa Simpson**...

,y su amigo **Millhouse**
es 3 meses más joven
que Bart.

Rudolf Nuréyev

—probablemente el mejor bailarín de ballet que jamás haya existido— nació a bordo de un **tren**. El movimiento del vagón provocó que su **madre entrara en labor durante** un viaje que realizaba entre Siberia y Vladivostok el **17 de marzo de 1938.**

Los **suizos** de las **aldeas alpinas** más remotas son los **únicos** europeos que comen perro...

y, con la manteca de éste, preparan un remedio para la tos.

El dogma de la **Inmaculada Concepción** hace referencia al **nacimiento de la Virgen María** y **no** al alumbramiento virginal de **Jesús.**

En una **encuesta** realizada a varios hombres acerca de la frecuencia con que

ven pornografía,

7% contestó que varias veces al día;

13%, todos los días;

32%, varias veces por semana;

24%, varias al mes;

18%, algunas veces al año;

y 6%, nunca.

El avestruz pone el
huevo más pequeño
en relación con su tamaño:
1.5% del peso de la madre.
El huevo más grande lo pone
en realidad el kiwi: 26% de su peso.

La compañía Bayer
–la misma que fabricó la célebre Aspirina–
patentó el nombre de la
heroína
en 1898.

Es **mentira** que los **peces tropicales** tengan un rango de memoria de **3 segundos.** Los experimentos han comprobado que su memoria dura por lo menos **3 meses.**

Los **filamentos** de la primera **bombilla eléctrica** se hicieron de **bambú.**

El **trabajo**
más **riesgoso**
del mundo
es el de **pescador de**
cangrejos
en Alaska.

La única diferencia entre
el **grafito** para lápices
y los **diamantes** es su
estructura molecular,
pues ambos son formas puras
del carbono.

Santa Claus

era **turco.**

55% de los hombres encuestados en un reciente estudio afirmó que prefería **acostarse con su jefa; 45% con su asistente.**

La probabilidad de
morir fulminado por un rayo
es la misma que la de morir por la mordedura
de una serpiente:
1 en 10 millones.

Aunque durante el **Gran incendio de Londres** se perdieron más de 13 200 casas —80% de la ciudad—, sólo se documentaron 5 muertes.

La película con más letras en el título es *Un Fatto di Sangue nel Commune di Sculiana fra Due Uomini per Causa di una Vedova. Si Sospetano Moventi Politici. Amore - Morte - Shimmy. Lugano Belle. Tarantelle. Tarallucci é Vino*, de la alemana Lina Wertmüller; son 179.

Se calcula que,

a diario,

cae a la Tierra un promedio de

26 mil meteoritos.

El tiempo promedio que un **niño** ve un programa de **Plaza Sésamo sin distraerse** con otra cosa es de 8 minutos.

Los **egipcios**
ya **producían vidrio**
en el año **1350 a. C.**

El número estimado de
**todos los libros
publicados** en la
historia es de
65 mil millones.

Gabriel García Márquez

asegura que lo mejor de haber recibido el

Premio Nobel de Literatura es que ya

nunca hace fila para nada.

Las **marmotas** —y no las ratas— han sido los principales **transmisores** de la **peste bubónica,** que ha **matado** a más de **mil millones** de personas en la historia.

Plinio el Viejo creía que

comer liebre
durante nueve días

producía atractivo y potencia sexual.

Aunque existan **miles de millones de estrellas** en el firmamento, a simple vista sólo se pueden **ver** cerca de **10 mil** desde la Tierra; de las cuales, sólo 4 son galaxias.

La película que tiene
menos letras en el título es

Z

(1969),

de Costa–Gavras.

La **famosísima escena** de la **regadera** de la película *Psycho* tiene **90 cortes** de edición y su filmación duró **7 días;** la escena se filmó desde **70 ángulos** de cámara distintos. En el filme, la secuencia final dura sólo **45 segundos.**

Los perros **San Bernardo** –antes llamados *mastines alpinos*– **jamás** han llevado **barriles** de brandy al cuello.

Varias de las **especies que descubrió Darwin**
—algunas incluso fueron nombradas con su apellido—
pasaron antes por su **estómago** que
por su cuaderno de notas:
era todo un **gastrónomo** al que le
gustaba probar **«nuevos sabores».**

De acuerdo con una encuesta reciente, la
mitad de los hombres
solteros menores de **treinta años** opina
que el matrimonio se está volviendo
obsoleto.

La **plata** tiene la curiosa propiedad de **esterilizar** el **agua.** De ahí que a los **pozos** se les pusieran **monedas de plata** en el **fondo.**

De las **317 bebidas** que toma **James Bond** en las novelas de Ian Fleming, su **preferida** es el **whisky:** 58 bourbons y 38 escoceses.

El emperador Nerón no ocasionó el incendio de Roma.

De hecho, él ni siquiera se encontraba ahí cuando sucedió.

78%

del **aire** que respiramos
es **nitrógeno.**

Los percebes

—un crustáceo que crece
sobre las rocas del mar—

son la especie con

el pene más largo

en relación con su tamaño:

hasta 7 veces.

La luz es invisible:

sólo podemos ver los objetos con los que «choca» y saber, por eso, que está presente.

Nunca se ha encontrado un **ciempiés** que tenga **100 patas:** por lo regular tienen entre **15 y 191.**

La famosísima

Fontana de Trevi

que aparece en el filme *La dolce vita*

demoró en construirse 30 años,

pues los autores murieron, uno tras otro,

dejando el trabajo inconcluso: Necola Salvi,

Filippo Dalla Valle, Pietro Bracci y Giuseppe

Pannini, quien, por fin, la terminó.

El
alcohol
no mata las
neuronas
del cerebro;
sólo hace que las nuevas crezcan
de forma más lenta.

Francis Bacon murió de **neumonía** mientras intentaba demostrar cómo el **hielo** podía evitar que un **pollo muerto** comenzara a **descomponerse.**

Los **romanos**
lucharon contra la
pérdida del pelo
desde el comienzo
del primer milenio, como César, que llevaba una corona
de laurel para esconder su **alopecia.** Él instituyó la práctica de
cortar el pelo del enemigo como signo de sumisión.

Los **hombres**
son alcanzados por rayos
6 veces más
que las mujeres.

Es falso que los «años perro» equivalgan a 7 años de vida humana. El **primer año** de vida en mascotas equivale a entre 16 y 22 años, de acuerdo con su peso.

El **azafrán,**
la **vainilla** en vaina
y el **cardamomo**
son las tres especias
más caras del mundo.

Lituania
tiene la tasa de
suicidios
más alta del mundo.

La **depresión** es la cuarta enfermedad **más frecuente** en el mundo, después de la neumonía/bronquitis, la diarrea y el VIH / sida.

Dar **un paso**

implica el **movimiento** de al menos

200 músculos.

Durante más de 2 mil años, la gente escribió con barritas de plomo. De ahí viene la idea errónea de que «es venenoso morder un lápiz».

Los **osos polares,**
una vez que la prueban,
se vuelven **adictos**
a la pasta de dientes.

En Roma, las **prostitutas** eran autorizadas, castigadas y obligadas por ley a **teñirse el pelo de rubio o llevar una peluca rubia.**

El **cómic** más vendido de la historia es *X-Men* #1, con 8.1 millones de copias.

3% de los hombres encuestados en un estudio reciente dijo que todo el tiempo piensa en otra cosa mientras tiene una relación sexual; 7% contestó que la mayor parte del tiempo; 13% que la mitad del tiempo; 41% que una parte del tiempo; y 36% que nunca.

La **residencia de Santa Claus** en la actualidad está en **Rovaniemi**, capital de Laponia, donde **recibe** cerca de **600 mil cartas** al año.

La receta del **«pan francés»** fue **documentada** por el gastrónomo romano Apicio en el siglo I de nuestra era.

Existe el rumor de que después de cada divorcio, la actriz estadounidense Joan Crawford ordenaba cambiar todos los retretes de su casa.

Se divorció 5 veces.

Los *boomerang*
no se usan
para cazar canguros,
sino para atrapar aves.

21% de todas las publicaciones impresas en Japón, son **cómics** –manga.

La mayoría de las veces, el **sonido** que se produce al **«jalar de la cadena»** en el escusado tiene el tono de *mi bemol.*

Las sinfonías 5ª y 6ª —*Pastoral*— de **Beethoven** fueron compuestas simultáneamente, pero debido a la programación del concierto, se **estrenó primero la 6ª.**

Thomas Alva Edison

–contra lo que dicen los estadounidenses–
fue uno de los **grandes estafadores**
de la historia y muchos de los inventos que
se le atribuyen se los **robó a otros**
inventores, como la Corriente Alterna,
desarrollada por Nikola Tesla.

En 10 minutos, un huracán genera **más energía** que todas las **armas nucleares** en su conjunto.

En la **antigua Grecia** se creía que los seres con la **memoria** más **privilegiada** eran los **camellos.**

La **última sociedad** en practicar
el **canibalismo** fue la **tribu Fore**
de Nueva Guinea. Dejaron de comer
carne humana en **1950** debido al
brote de una **enfermedad** que se transmitía
por comer el cerebro y
el **tejido medular.**

William Shakespeare recibió el equivalente actual de **40 dólares** al año como pago por sus obras.

Alejandro Magno
se pintaba el pelo de amarillo
con azafrán.

Se calcula que el
planeta Tierra pesa
6 mil trillones
de toneladas.

«Búfalo Bill»
jamás mató un sólo búfalo
—cuadrúpedo de origen asiático—;

pero sí mató 4 280 bisontes
americanos en menos de 18 meses para
alimentar a los trabajadores del Kansas
Pacific Railroad.

Pablo Diego José Francisco de Paula Juan Nepomuceno María de los Remedios Crispiniano de la Santísima Trinidad,

dice su fe de bautismo, y su acta de nacimiento:

Pablo Diego José Francisco de Paula Juan Nepomuceno Cipriano de la Santísima Trinidad Ruiz Picasso,

y todo para firmar

Picasso a secas.

El costo
de producción de
una estatuilla de los
Premios Oscar es de
300 dólares.

El actor
John Wayne
protagonizó
142 películas como
cowboy.

La **célula más grande** producida por el cuerpo humano es el **óvulo femenino;** la más pequeña, el **espermatozoide masculino.**

Isacc Asimov era claustrofílico: le gustaba trabajar en espacios cerrados y pequeños, sin ventanas y con luz artificial. En el apartado de las manías personales, le tenía **pánico a las alturas y a volar.** Solamente viajó en avión dos ocasiones en su vida. También le tenía **miedo a las agujas y a la sangre.**

El emperador romano
Nerón inventó la
nieve de sabor:
le llevaban nieve de la montaña a
la que él agregaba jugo de frutas.

Un retrete convencional tiene una utilidad promedio de 50 años.

El sencillo musical que más semanas ha permanecido en el número 1 de ventas del *Hot 100 Singles Sales*, de *Billboard*, ha sido «–Everything I Do– I Do It For You» de Bryan Adams, que permaneció un total de 17 semanas en la primera posición, en 1991.

El **13** de agosto se celebra el **Día internacional de los zurdos;** Napoleón, Da Vinci, Marie Curie, Aristóteles y Jimmy Hendrix eran zurdos.

Nunca ha habido
un año en el que
haya más de
3 viernes 13.

El **primer retrete**
se creó en China en el
año 200 de nuestra era;
ya contaba con asiento y un sistema de tubería
para descargar agua.

En una encuesta reciente,

56% de los hombres

entrevistados confesó

querer acostarse con casi

todas sus **amigas**.

Hugh Hefner adquirió las fotografías de Marilyn Monroe desnuda por **500 dólares** y las publicó en el primer número de su revista Pla*yboy*.

Ganó millones de dólares.

En los EE. UU.

hay más de 12 mil tigres

en cautiverio.

En la India se estima que sólo
quedan cerca de 4 mil.

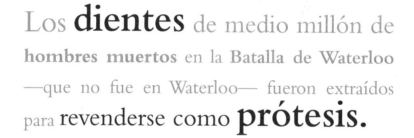

Los **dientes** de medio millón de **hombres muertos** en la Batalla de Waterloo —que no fue en Waterloo— fueron extraídos para revenderse como **prótesis.**

«Billy The Kid» en realidad se llamaba **Henry McCarthy.** El nombre de William H. Bonney, con el que se le registró en su acta de defunción, fue uno de los tantos **alias** que usó para **escapar de la justicia.**

Las **gotas**
de lluvia son esféricas,
no tienen forma de lágrima.

En **Tenochtitlan** un **esclavo** podía lograr su **libertad** si, huyendo de su amo y adentrándose en un tianguis, **pisaba caca.**

En griego
antiguo
no existe una palabra para definir al
color azul.

Thomas Crapper

(1836–1910) fue un **fontanero londinense** que **patentó** las tapas de las alcantarillas, los desagües, los empalmes de tuberías y la válvula de flotador.

Cuando una **persona muere** en Japón, los deudos y familiares se **visten de blanco.**

Durante más de dos mil años, la competencia preferida de reyes y monarcas fue la pelea de gallos.

Madonna

tiene un coeficiente
intelectual muy alto: **140.**

La **dentadura postiza**
de **George Washington**
estaba hecha con **marfil** de
colmillo de **hipopótamo.**

En 1869,

Francis Galton,

primo de Charles Darwin,

creó las **primeras pruebas** para **«medir»** la inteligencia humana.

Edgar Allan Poe,

en su obra *Eureka* (1848),

fue el primero en sugerir que la

luz de las estrellas

más lejanas

no llega a la Tierra.

Europa es el único continente sin desiertos de arena.

Los **padres** de
Bruce Wayne
—Batman—
fueron **asesinados** un
26 de junio.

Los **ácidos** que produce el **estómago** son tan **corrosivos** que pueden **disolver navajas** de afeitar.

Jamás
se ha hallado una
maldición en ninguna
tumba egipcia.

Según algunos biógrafos, **Bruce Lee** obtuvo el papel de **Kato** en la teleserie *El avispón verde*, porque fue el único oriental que pudo pronunciar el nombre de su «patrón»:

Britt Reid.

El aceite de castor se usa como **lubricante** para **aviones de propulsión.**

El escusado moderno
fue inventado
por John Harrington,

ahijado de la reina
Isabel I, quien no lo
dejó patentarlo,
porque le parecía un
invento indigno
de su cargo nobiliario.

Honoré de Balzac sufría delirios de persecución y paranoia.

Abraham Lincoln
ha sido **representado** por
117 actores distintos
en la pantalla grande.

El **primer invento** que **rompió** la **barrera del sonido** fue el látigo; y fue inventado en China hace más de 7 mil años.

Además del **mercurio**, existen tres metales líquidos: el **galio**, el **cesio** y el **francio**.

A **Proust** le
aterrorizaba
la **asfixia,** por eso
escribía sin cesar,
pensando que sólo así
evitaba un ataque
de asma.

Según una encuesta, **74%** de los hombres preferiría quedar **atrapado** en un ascensor con una *playmate*, contra **26%** que elegiría estar en esa circunstancia con un técnico que pudiera **repararlo.**

La **temperatura más fría** del Sistema Solar **no** se registró en **Tritón,** luna de Neptuno —a -235 °C—, sino en los **laboratorios** de la **Universidad de Helsinki,** Finlandia, en el año 2000, cuando se logró enfriar rodio a una millonésima de grado del cero absoluto:

−273 °C.

Marilyn Monroe
protagonizó 23 películas como
rubia tonta.

El **color rojo**
en la India simboliza
convocatoria, festejo y dominio;
es el color que visten las novias y
transforma el apego en discernimiento.

El actor **Christopher Lee**
encarnó al **conde Drácula** en
10 ocasiones,

5 al Dr. Fu Manchu
y 3 a Sherlock Holmes.

Desde **2008**, los casos de **gonorrea** en Alaska han aumentado en un **71%**.

El
pájaro dodo

—*Raphus cucullatus*—
ostenta el doble título
—nada envidiable— de
estar **extinto** y haber
sido muy **estúpido.**

El poeta español
Vicente Aleixandre
sufría de **agorafobia**
—miedo a los espacios públicos.

La exmodelo **Heather Mills** **obtuvo** cerca de **230 millones de dólares** de su **divorcio** del exBeatle Paul McCartney.

En todo momento existe un promedio de
52 mil millones de pollos
en el mundo:
casi 8 por cada ser humano.

Se cree que la primera

«cabaña de troncos»

se construyó en Escandinavia
hace unos 4 mil años.

No fue un perro, sino la

mosca de la fruta,

el primer animal

en ser «enviado al

espacio exterior».

Las **pelotas** de ping pong y los **cuellos** rígidos de las **camisas** están hechos de **celuloide,** pero las cintas de las películas no.

Las **algas** —no los árboles—, son las **principales productoras** del **oxígeno** que hay en el planeta.

En su visita a **Corea,** como corresponsal durante la Guerra Ruso-Japonesa, **Jack London** fue invitado a la plaza pública donde lo esperaba una multitud. A pesar de que él pensó que su fama había llegado hasta allá, se le pidió que se **quitara** y **pusiera** la **dentadura postiza** durante media hora, tiempo en que la multitud no se cansaba de admirar al hombre que hacía con los dientes lo que un coreano sólo podía hacer con el sombrero.

Tras la **muerte** de Antón Chéjov, los empleados del tren que habrían de repatriar su cadáver **confundieron el ataúd** con una carga normal, por lo que colgaron un **letrero** en la caja en el que se podía leer: «Ostras frescas».

Sylvester Stallone

cobró sólo **23 mil dólares** por encarnar a **Rocky Balboa.** La cinta ganó tres premios Óscar y **recaudó 225 millones de dólares.**

Los **ojos**
no se pueden
congelar
a temperaturas
bajo cero por la sal
que contienen.

El dióxido de titanio, sustancia que se emplea para la fabricación de pinturas brillantes, también se usa en las pastas dentales.

Elton John tiene el récord del **mayor número de copias vendidas** de un sencillo en una semana, con más de **1.5 millones de unidades** de «Candle in the Wind 1997 / Something about the Way You Look Tonight», en octubre de 1997.

El guardarropa de Isabel, emperatriz de Rusia, se hallaba compuesto de 8700 trajes completos de finos materiales, además de una cantidad enorme de batas y vestidos de casa.

En la cinta *Psycho* (1960),

la protagonista

roba 40 mil dólares...

exactamente lo que

cobró Anthony Perkins

por encarnar a Norman Bates.

David Gilmour,
guitarrista de Pink Floyd,
tiene una colección de más
de 300 guitarras.

Dolores del Río
dormía
16 horas
diarias
disque para conservar su belleza.

Stephen King
vendió su primer cuento,
«The Glass Floor», por
35 dólares.

Cuando Federico «el Grande» murió, su guardarropa fue valuado en una cantidad que no llegaba a cien escudos. Sólo se hallaron de él tres trajes uniformes. Uno era el de gala —que sólo se había puesto tres veces—. Los otros dos estaban en tal estado de desgaste, que apenas podía creerse que el monarca se los hubiera puesto.

«Rodolfo»,

el célebre reno de **nariz roja**
de Santa Claus,
era **hembra,** porque
los renos machos pierden
la cornamenta durante el invierno.

En el norte de China

viven 40 millones de personas en cuevas

conocidas como *yaodong*.

El escritor
Juan Rulfo sufría de

«pánico

escénico».

El nombre completo de **Mozart** era Johann Chrysostomus Wolfgang Theopilus Mozart.

Su madre le decía de cariño Gottlieb o Amade, pero **jamás Amadeus.**

El accesorio más buscado de la muñeca **Barbie** es un escusado rosa con el sonido inconfundible del agua cuando se le «jala a la cadena».

Colofón

Este libro fue impreso y terminado en la Ciudad de México en
el mes de agosto de 2011, en Encuadernaciones Maguntis.
Se formó con las familias Bembo y New Cicle.
Coordinación de la edición: María del Pilar Montes de Oca Sicilia
Arte editorial: Victoria García Jolly
Investigación: Carlos Bautista Rojas
Edición: Josué Vega López
Diseño: Nayeli A. Espinosa
Ilustraciones: Sergio Neri
Corrección: María José Torner Morales